Fêtez Noël
et la Saint-Nicolas

Agnès Behar

Fêtez Noël et la Saint-Nicolas

Comment préparer, organiser et réussir la Saint-Nicolas et la fête de Noël

BORNEMANN

Crédit des illustrations
Photographies : Agnès Behar : pages 41, 42, 43, 44. CEDUS : pages 46, 47. Pascal Reysset : page 45. Ville de Nancy : page 48.
Dessins : Agnès Behar.

Remerciements

CEDUS (Centre d'études et de documentation du sucre)
30, rue de Lübeck – 75116 Paris
Tél. : 01 44 05 39 81.

ISBN : 2-85182-613-1

Éditions Bornemann, 62, rue Blanche, 75009 Paris.

Sommaire

La magie de Noël

Noël approche à grands pas de loup. Le Père Noël tout de rouge vêtu, emmitouflé dans sa longue barbe blanche, se démène joyeusement avec les lutins et les lutines pour remplir les hottes le jour J. Traîné par des rennes de sept lieux, il apportera dans la nuit cadeaux et merveilles aux bambins chanceux.

Mais Noël, ce n'est pas seulement recevoir des cadeaux. C'est aussi donner et partager, plaisir de donner, joie de recevoir. Fête qui célèbre la naissance du « divin enfant » voilà 2000 ans, c'est surtout la fête des enfants sur toute la planète, pour les croyants comme pour les autres.

Noël se prépare tout au long du mois de décembre, et petits et grands s'activent pour choisir et « faire » le sapin, confectionner la crèche, poudrer les fenêtres de neige et parsemer les guéridons, salons et plafonds de décorations faites maison.

Le soir venu, il convient de dresser une table de fête aux couleurs de Noël et de mettre les petits plats dans les grands et c'est encore mieux si on a mis la main à la pâte. Et préparer des friandises permet de patienter mine de rien pour les plus turbulents.

Après le dîner, et en attendant que le père Noël passe dans la cheminée quand tout le monde aura les yeux fermés, on s'amuse, on joue, on danse et on rit. C'est souvent un bon moment à partager avec les parents, grands-parents, frères, sœurs, cousins et cousines et pourquoi pas des amis et pour les plus grands de réveillonner…

La magie de Noël peut être dans chaque instant : allumer les bougies, mettre une belle nappe, écouter des chants de Noël (c'est l'occasion ou jamais). Chaque famille a ses habitudes, ses petits rituels qu'elle n'abandonnerait pour rien au monde. Dans ce livre, vous trouverez des suggestions, des idées, des pistes. A vous de vous les approprier, de les adapter aux us et coutumes de votre maisonnée.

Saint-Nicolas, une fête d'hier et d'aujourd'hui

Le mois de décembre est l'occasion de réjouissances particulières pour les petits et les grands. La tradition de Noël est bien implantée, mais la Saint-Nicolas, fêtée le 6 décembre, se répand de plus en plus. Cette fête, située à l'origine en Suisse, aux Pays-Bas, en Autriche, dans certaines régions d'Allemagne, dans l'Est et le Nord de la France, séduit par son caractère traditionnel de nombreuses familles.

L'histoire de Saint-Nicolas

Saint Nicolas naquit vers 256 en Lycie, région côtière de l'actuelle Turquie. Il hérita très jeune de parents fortunés et décida de rentrer au séminaire. Il se fit très vite remarquer par une générosité exceptionnelle. Un père de famille, réduit à la misère, songeait à vendre ou à déshonorer ses trois filles contre un peu d'argent. Nicolas les sauva de ce destin en leur offrant à chacune une bourse d'or. On raconte qu'il les leur lança par la fenêtre et qu'elles tombèrent dans leurs chaussures. De cet épisode viendrait la tradition des jouets et friandises que le saint distribue aux enfants sages. A l'occasion d'un voyage en Palestine, il aurait également réussi à calmer une mer déchaînée.

Nicolas fut très jeune nommé évêque de Myr, une autre ville de Lycie. A cette époque, les chrétiens étaient encore persécutés et il fut emprisonné et torturé avec d'autres chrétiens vers 311 par ordre du tyrannique empereur Dioclétien. Lorsque celui-ci abdiqua, le nouvel empereur libéra Nicolas. En 313, l'édit de Milan permit aux chrétiens de sortir de la clandestinité en donnant la liberté de culte à toutes les religions.

Saint Nicolas est l'un des saints auquel est attribué le plus grand nombre de miracles. En voici quelques uns.

Il sauva *in extremis* trois jeunes gens qui allaient être injustement condamnés et décapités. Un officier de l'empereur assistait à cette scène. Plus tard ce même officier, victime de calomnies, fut emprisonné avec deux compagnons et condamné à mort. Il se souvint de l'évêque de Myr et pria pour que Nicolas lui vienne en aide. La légende dit que l'empereur et son intendant eurent le même rêve : Nicolas les réprimandait et leur demandait de gracier les officiers innocents. A leur réveil, l'empereur et son intendant libérèrent les trois officiers.

Des innombrables miracles attribués à saint Nicolas, le plus célèbre est celui du chevalier Cunon de Réchicourt. En 1230, il fut fait prisonnier par les Infidèles lors de la sixième croisade. Il fut enfermé dans un cachot et attaché par sept chaînes scellées dans la muraille. Dix ans passèrent, mais le chevalier continuait de prier Dieu et d'invoquer saint Nicolas. Le matin du 5 décembre 1240, son geôlier lui annonça que sa fin était proche et lui conseilla en se moquant d'implorer ce saint dont la fête était pour le lendemain. Après avoir prié, le prisonnier s'endormit. Quand il se réveilla toujours couvert de ses chaînes, il se trouvait en Lorraine sur le parvis de l'église Saint-Nicolas-de-Port. Saint Nicolas est d'ailleurs le saint protecteur de la Lorraine.

L'origine de sa célébrité est dans les pouvoirs qui lui sont attribués pour libérer les prisonniers innocents et sa capacité à sauver les marins pris dans la tempête. A partir de la fin du XIe siècle se propagea la légende de saint Nicolas. Cette légende n'est connue qu'en occident où on aurait confondu les trois officiers de l'empereur Constantin avec des enfants.

Cette légende de saint Nicolas est racontée dans une chanson populaire :

La légende de saint Nicolas

Ils étaient trois petits enfants,
Qui s'en allaient glaner aux champs.
Tant sont allés, tant sont venus
Que sur le soir se sont perdus.
S'en furent frapper chez le boucher :
« Boucher, voudrais-tu nous loger ? »

— Entrez, entrez, petits enfants,
Y'a de la place assurément. »
Ils n'étaient pas sitôt entrés
Que le boucher les a tués,
Les a coupés en petits morceaux,
Mis au saloir comme pourceaux.

Mais au bout de sept ans passés
Saint Nicolas vint à passer,
S'en fut frapper chez le boucher :
« Boucher, voudrais-tu me loger ? »
— Entrez, entrez, saint Nicolas,
Y'a de la place, il n'en manque pas. »

Il n'était pas sitôt rentré
Qu'il a demandé à souper :
« Du petit salé je veux avoir
Qui est depuis sept ans
dans le saloir. »
Quand le boucher ouït cela,
Hors de chez lui il se sauva.

Boucher, boucher, ne t'enfuis pas,
Repens-toi, Dieu te pardonnera.
Saint Nicolas alla s'asseoir
Dessus le bord de ce saloir.
« Petits enfants qui dormez là,
Je suis le grand saint Nicolas. »

Le saint étendit ses trois doigts.
Les enfants se levèrent tous trois.
Le premier dit : « J'ai bien dormi. »
Le second dit : « Et moi aussi. »
Et le troisième répondit :
« Je me croyais au paradis. »

Cette légende va contribuer à faire de saint Nicolas le bienfaiteur des enfants.

Saint Nicolas, ancêtre du Père Noël

La coutume d'offrir des cadeaux à Noël est très ancienne. Ainsi un prédicateur de la cathédrale de Strasbourg, Geiler de Kayserberg, décrit déjà à la fin du Moyen Âge la coutume de s'offrir des pains d'épice et du vin à Noël. De nombreux personnages mythiques distribuaient des cadeaux aux enfants dans toute l'Europe : le père Janvier en Bourgogne, dans le Morvan et le Nivernais, la tante Arie dans le Jura, la Befada en Italie.

Tante Arie (Jura, Belfort et Montbéliard) est une femme âgée avec une couronne de diamants, des dents de fer et des pattes d'oiseau. Montée sur un âne et munie d'une clochette, elle parcoure le pays en distribuant des cadeaux aux enfants sages. Elle récompense également des jeunes filles en leur apportant des bourses pleines d'or. Il était d'usage de lui offrir au préalable du lait et du pain ou même une branche de gui.

La *Befada* (Italie) est une vieille femme, vêtue de noir et à l'apparence de sorcière. Elle vole de toit en toit à cheval sur son balai avec une hotte sur son dos. Vivant autrefois à Bethléem, elle rencontra, alors qu'elle ramassait du bois, les rois mages qui cherchaient l'Enfant-Roi. Elle voulut se joindre à eux, mais, avant de partir, elle voulut rentrer son bois. Quand elle revint, les rois mages étaient partis. Elle les chercha à travers le monde et arriva en Italie où elle se fixa. Depuis, tous les ans, elle distribue le 6 janvier des jouets aux enfants des hommes, miroirs de l'Enfant-Dieu.

Après la réforme, les protestants décidèrent de supprimer le culte des saints et donc saint Nicolas. Mais comme la tradition était très implantée, ils décidèrent d'attribuer le rôle du donateur de cadeaux à l'enfant Jésus, le *Christkindel.* En Alsace, on prit l'habitude de le représenter par des jeunes gens ou des jeunes filles vêtues de longues robes blanches, qui faisaient la tournée des maisons, annoncés par le son d'une clochette. On leur faisait dire des prières, chanter des cantiques et distribuer des confiseries aux enfants sages. Ils étaient accompagnés de Hans Trapp, une sorte d'ogre qui distribuait des verges aux enfants méchants et pouvait même les emporter dans son sac. Le personnage de Hans Trapp a été probablement inspiré du souvenir de Hans von Trotha, un chevalier tyrannique et violent qui terrorisa le peuple au XVe siècle.

Saint Nicolas semble être le plus ancien des ancêtres du Père Noël. La proximité du pèlerinage de Saint-Nicolas-de-Port où ses reliques étaient vénérées avait popularisé son culte en Alsace. Grâce à la légende des trois petits enfants, découpés et mis au saloir par un boucher puis ressuscités par saint Nicolas, il fut désigné comme protecteur des enfants. Par extension, il devint celui qui apportait des récompenses aux enfants sages. Selon la tradition, saint Nicolas voyageait avec un âne chargé de paniers et s'introduisait par les cheminées pour déposer des cadeaux dans les souliers.

Puis, en l'espace d'un siècle, tous ces personnages donateurs vont disparaître progressivement pour laisser la place à un seul : le Père Noël. Cette transformation vient des États-Unis. En 1822, Clément Clarke Moore, un théologien, compose pour ses enfants un poème intitulé : « la visite de saint Nicolas un soir de Noël ». Dans ce poème, saint Nicolas est décrit non pas comme un évêque mais comme un personnage joufflu et dodu, au nez rouge rutilant, avec une barbe blanche. Il se déplace dans un traîneau tiré par huit rennes. Publié l'année suivante, ce poème eut un retentissement considérable. En fait, cette nouvelle représentation correspondait à un besoin profond, celui de fondre en une seule image les différents personnages donateurs qui coexistaient dans l'Amérique du XIXe siècle : entre autres le *Weinachtmann* des communautés allemandes, le *Sint Niklaas* des Néerlandais, le *Christkindel* des protestants. Un illustrateur, Thoms Nash, crée de 1833 à 1886 une série de dessins de Noël qui va fixer l'image du Père Noël telle que nous la connaissons aujourd'hui.

Le Père Noël, qui satisfait protestants et laïcs, va rapidement s'imposer aux États-Unis puis en Europe.

Témoignage :

Véronique et Frédéric, parents de Lucas, 5 ans, et Flore, 3 ans.

La Saint-Nicolas est vraiment une grande fête traditionnelle à Nancy. Le premier dimanche de décembre, nous allons tous voir le cortège défiler. Il y a une trentaine d'orchestres et le thème de décoration des chars change tous les ans. En 1998, c'était l'art nouveau et les enfants ont particulièrement aimé le char sur le cirque en 1900. Seul le char de saint Nicolas est toujours présent. Place Stanislas, saint Nicolas descend de son char où le maire lui remet les clés de la ville et la fête se termine par un grand feu d'artifice.
Flore et Lucas décorent également leur salle de classe avec des guirlandes et des étoiles. Ils attendent avec grande impatience le passage de saint Nicolas qui vient donner des friandises aux enfants sages.

Témoignage :

Carole, 10 ans

A la Saint-Nicolas, on sort bien emmitouflés dans nos manteaux, nos écharpes, nos bonnets, avec nos parents pour aller assister aux défilés. C'est la fête, l'occasion de se retrouver en famille et d'aller admirer les chars qui circulent dans les rues. Du haut des chars, des personnages déguisés en sorcières et en diables nous font peur, mais nous lancent aussi des bonbons. C'est surtout quand arrive la voiture de saint Nicolas avec sa tiare, sa crosse et son manteau, que notre attention est la plus grande. Il est toujours accompagné du Père Fouettard qui menace tous les enfants avec son martinet à cause de toutes les bêtises qu'ils ont pu faire pendant l'année. On se dit à chaque fois qu'il a peut-être oublié et qu'on sera plutôt récompensé par saint Nicolas. De retour à la maison, la fête continue. On mange du pain d'épices, des chocolats, des mandarines (c'est le fruit qui représente le mieux la Saint-Nicolas) et surtout on ouvre nos cadeaux !

Le renouveau de la Saint-Nicolas

En France, saint Nicolas est surtout présent dans le Nord et l'Est. Il voyageait dans les airs avec un âne chargé de deux paniers : l'un rempli de friandises pour les enfants sages et l'autre de verges pour les enfants désobéissants. En Moselle, les enfants déposaient à côté de leurs souliers un peu de foin et d'avoine pour l'âne. A Metz et Nancy, un adulte portant la mitre et la crosse et avec une longue barbe de chanvre tressée venait frapper aux portes des habitations et interroger les enfants sur leur conduite. Il était quelquefois accompagné du père Fouettard que craignait les enfants. En plus des friandises traditionnelles, saint Nicolas distribuait des gâteaux en pain d'épice le représentant.

Noël, une fête traditionnelle

Pourquoi Noël est-il fêté le 25 décembre ?

Noël est issu d'un amalgame de traditions appartenant à une demi-douzaine de cultures et qui se sont additionnées au cours des siècles.

C'est au début du IVe siècle que l'Église décida de fixer la naissance du Christ le 25 décembre. En effet, personne ne savait à quel moment Jésus était né exactement. Lorsque les théologiens essayèrent de situer cette date pour la célébrer, plusieurs dates furent proposées : le 1er janvier, le 6 janvier, le 25 mars et le 20 mai. Cette dernière date semblait la plus propice : en effet, il est écrit dans l'évangile que les bergers qui apprirent la nouvelle de la naissance du Christ veillaient sur leur troupeau pendant la nuit. Or, on ne gardait les troupeaux jour et nuit que pendant la période de l'agnelage, au printemps. Mais l'Église choisit la date du 25 décembre pour des raisons stratégiques. En effet, les romains célébraient ce jour-là, la « Naissance du Dieu soleil invaincu », Mithra. Ce culte était né en Perse et s'était implanté à Rome au Ier siècle avant notre ère. En 274 après J.-C., le culte de Mithra avait tant de succès auprès des foules que l'empereur Aurélien le déclara religion d'État. Au début du IIIe siècle, cette religion menaçait sérieusement le christianisme. C'est pourquoi l'Église chrétienne fixa le 25 décembre comme le jour de naissance du Christ. En 337, l'empereur Constantin se fit baptiser et la célébration de Noël fut définitivement instituée en Occident, le christianisme étant reconnu comme religion officielle.

L'origine des symboles de Noël

Le sapin

L'origine du sapin de Noël est très lointaine et remonte au Moyen Âge où des jeux et des mystères étaient joués à l'occasion de Noël. La représentation de la nativité était souvent précédée par la procession des prophètes ayant annoncé le Messie et par l'évocation de la faute d'Adam qui avait rendu nécessaire le rachat par le fils de Dieu.

Légende ou réalité?

L'histoire la plus ancienne sur ce sujet raconte que saint Boniface, missionnaire anglais, faisait un jour un prêche sur la Nativité devant des druides germains, près de la ville de Geismar. Comme les druides idolâtraient le chêne, il décida, pour les convaincre que le chêne n'était ni tabou ni sacré, d'en abattre un. En tombant, l'arbre écrasa tout ce qui se trouvait sur son passage, à l'exception d'un jeune sapin. Selon la légende, saint Boniface, pour convaincre les païens, expliqua à son auditoire que le sapin avait survécu par miracle et aurait terminé son sermon par ces mots : « Désormais, nous appellerons cet arbre, l'arbre de l'enfant Jésus ». A partir de ce jour en Allemagne, on prit l'habitude de planter de jeunes sapins pour célébrer la naissance du Christ.

Traditionnellement en Allemagne, la veille de Noël était consacrée à Adam et Ève. L'élément principal du décor était le pommier, représenté par un sapin car celui-ci était vert en décembre, orné de pommes rouges. Puis cet arbre fut peu à peu utilisé indépendamment des jeux et des mystères comme ornement de Noël en souvenir de la faute d'Adam. Il était alors orné de pommes rouges, symbole de la faute et d'hosties, symbole de rédemption. On pense que le développement de cette tradition fut également lié au fait qu'elle se superpose à des pratiques païennes. En effet, dans l'antiquité, les tribus de Germanie accrochaient des branches d'arbres dans la maison à l'arrivée de l'hiver, auxquelles ils suspendaient de la nourriture. Ce rite avait pour but de s'attirer la protection des esprits en leur offrant asile au moment des grands froids.

Légende ou réalité ?

On dit que c'est Martin Luther qui eut l'idée d'ajouter des chandelles allumées aux décorations du sapin de Noël. Alors qu'il rentrait chez lui un soir d'hiver en réfléchissant au sermon qu'il allait prononcer le lendemain, il fut frappé par l'éclat des étoiles qui brillaient à travers la verdure des sapins. Pour reproduire cet éclat, il décora son sapin de Noël avec des chandelles.

Les plus anciennes descriptions de décorations de sapin datent du début du XVIIe siècle : des sapins étaient décorés à l'intérieur et à l'extérieur des maisons alsaciennes pour Noël. La coutume était très répandue puisqu'en Alsace, une ordonnance de 1651 indique qu'il « sera interdit aux habitants de la ville d'Ammerschweier de posséder plus d'un arbre et que ce dernier ne devra pas dépasser huit pieds de hauteur. » A l'époque, les sapins étaient décorés avec des roses faites de papiers multicolores, des pommes, des noix dorées et des confiseries. Selon une tradition, qui n'est peut-être qu'une légende, les pommes et noix auraient été remplacées au XIXe siècle par des boules de verre coloré. En effet, après une année de sécheresse où ces fruits manquèrent, les verriers de Maisenthal auraient imaginé de les simuler en verre soufflé.

Ce n'est qu'à la fin du XVIIe siècle que, dans la correspondance de la princesse Palatine, duchesse d'Orléans, est décrit pour la première fois un sapin de Noël avec des bougies allumées. La coutume s'est alors répandue hors d'Alsace puisque l'arbre décrit se trouvait en Allemagne. Les bougies, considérées comme symbole du Christ, lumière du monde, vont être adoptées rapidement en Europe.

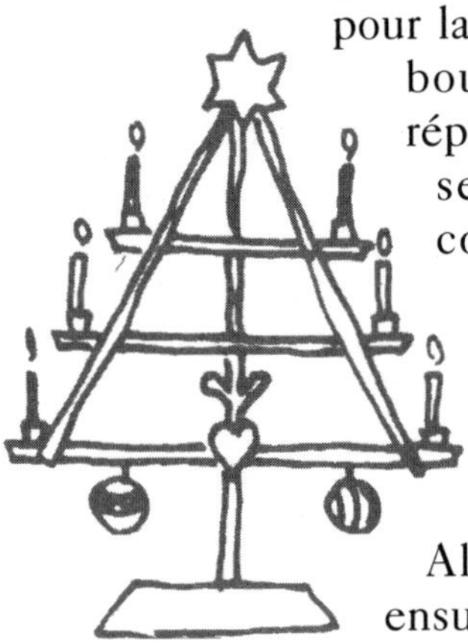

Vers 1770, l'arbre de Noël était une tradition solidement implantée en Alsace et en Allemagne qui se répandit ensuite dans toute l'Europe.

La bûche

Transformée de nos jours en pâtisserie, la bûche de Noël était à l'origine une véritable bûche que l'on faisait brûler dans la cheminée de manière symbolique. Il semblerait que cette coutume remonte aux Celtes. Les druides célébraient la fête du solstice d'hiver par de grands feux.

Cette coutume est attestée un peu partout en France au XIXe siècle. Cependant les pratiques différaient selon les régions. Dans certaines régions comme la Normandie, la bûche devait brûler trois jours. A Marseille, la bûche devait être allumée conjointement par un vieillard (représentant l'année finissante) et un enfant (l'année nouvelle) qui symboliquement s'y reprenaient volontairement à trois fois. Dans le Languedoc, on y introduisait des petits cadeaux que l'on distribuait juste avant la mise à feu.

De nombreuses croyances se rattachaient à cette tradition. Il était par exemple interdit de s'asseoir dessus sous peine de furoncles aux fesses. Les tisons soigneusement conservés protégeaient contre l'orage et les incendies. Dans certaines régions, ces tisons réduits en poudre et dissous dans l'eau servaient à guérir les maladies des hommes et des animaux.

Cette coutume très répandue disparaît à la fin du XIXe siècle avec la disparition des cheminées et l'arrivée des cuisinières de fonte.

La crèche

Le mot crèche vient de l'allemand *Krippe* et apparaît en France vers le XIIe siècle. Il désigne la mangeoire pour bestiaux dans laquelle saint Luc rapporte que la vierge a couché l'enfant à sa naissance faute de place à l'auberge. Par extension, on a désigné ainsi le lieu où figure la Nativité, puis toute la scène.

Légende ou réalité?

La première crèche de Noël aurait été créée en 1223 dans une grotte de Greccio par saint François d'Assise. Afin de représenter la naissance du Christ, il aurait eu l'idée d'installer une représentation grandeur nature de la Nativité.

Les drames ou jeux liturgiques du Moyen Âge sont à l'origine des crèches. Ces drames, qui remontent au XIIe siècle, étaient joués dans les églises et mettaient en scène des scènes bibliques comme la chute d'Adam ou l'adoration des bergers et des mages. Par exemple,

on plaçait sur ou devant l'autel une crèche vers laquelle s'avançaient les cortèges des mages et des prophètes. Ces drames, devenus mystères au XVe siècle, prirent une ampleur considérable. La représentation pouvait se prolonger pendant plusieurs journées et nécessitait la participation d'un grand nombre d'acteurs. Les mystères s'accompagnaient également de chansons, musiques, voire même de ballets. Devant leur développement spectaculaire et de plus en plus profane, les mystères furent exclus de la liturgie, puis de l'église et relégués sur le parvis. Ils furent finalement interdits en 1548 par le parlement de Paris. Leur principe va survivre à travers les pastorales (saynètes chantées) et l'apparition des premières crèches dans les églises, la plus ancienne connue en France étant celle de Chaource vers 1540. En effet, ce théâtre immobile qu'est la crèche parut à l'Église préférable aux mystères devenus trop bruyants et peu contrôlables. Les crèches dans les églises vont se développer principalement en Italie et en Provence.

Les santons de Provence

L'apparition de santons d'argile produits en série à la fin du XVIIIe siècle va marquer le développement de la crèche provençale. En effet, les santons fabriqués auparavant en bois ou en cire étaient beaucoup plus chers. Un second facteur va également être décisif pour l'essor des santons, c'est la Révolution avec l'interdiction des messes de Minuit et des crèches dans les églises. Les Marseillais, très attachés à leurs crèches, créèrent des crèches dites publiques que les particuliers réalisaient chez eux et faisaient visiter moyennant deux sols. Ainsi l'habitude de faire une crèche dans chaque foyer se répandit peu à peu.

Coutumes et légendes

L'avent

L'Église se prépare à la Nativité pendant la période de l'avent correspondant aux quatre semaines précédant Noël.

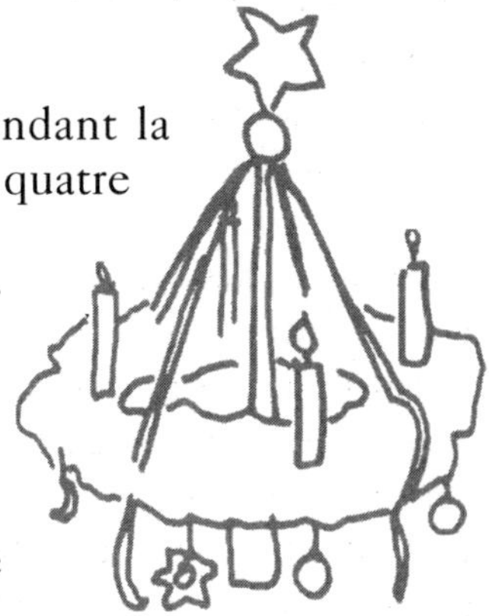

En Allemagne, dans les pays scandinaves et aux États-Unis, existe la coutume de la couronne de l'avent. Faite de feuillage, la couronne comprend quatre bougies qui seront allumées l'une après l'autre chaque dimanche de l'avent.

A cette période, les forces surnaturelles se déchaînent. C'est l'époque où l'on risque le plus de rencontrer des loups-garous, des feux follets ou des revenants. Selon une croyance normande, les âmes de ceux qui ont commis de grandes fautes apparaissent chaque nuit jusqu'à ce que des prières et des messes les délivrent. Leur forme est vaporeuse mais ils ont la même voix que de leur vivant.

Les quêtes

Des quêtes avaient lieu dans de nombreuses régions françaises jusqu'au début du XXe siècle. Ainsi en Alsace, les quêtes des écoliers avaient lieu de la Saint-Nicolas, fête des écoliers, jusqu'au 6 janvier.

Dans l'Armagnac, la tournée était faite jusqu'au début du XXe siècle par des conscrits. Pendant tout le mois de décembre, ils allaient chanter *l'aguilloné* devant les portes le soir après le souper. Ils recevaient comme récompense des œufs, de la farine et des châtaignes pour leur réveillon. La chanson se terminait par des souhaits en rapport avec l'aumône reçue. Lorsqu'ils ne recevaient rien, les souhaits étaient négatifs et la chanson se terminait par : « Dieu vous conserve la santé. Comme l'eau d'un panier percé. »

Les quêtes étaient un élément important de Noël et de la Saint-Nicolas. En effet, les souhaits « Dieu vous bénisse » ou « Dieu vous le rendra » formulés par les pauvres et les mendiants étaient très recherchés. Les gens croyaient à leur pouvoir bénéfique.

Les veillées des Noëls anciens

La veillée se passait souvent en prière. Dans un certain nombre de régions, des jeux étaient organisés. Ainsi, en Anjou, les jeunes gens mariés dans l'année se rendaient sur un pont escorté par tout le village. Il fallait nager dans l'eau glacée pour attraper une pelote jetée dans la rivière. Le gagnant recevait de l'argent pour monter son ménage et était reconduit chez lui au son des tambours et hautbois. Ceux qui refusaient de plonger dans l'eau froide payaient une amende au vainqueur. Un autre jeu consistait à faire deviner combien de noisettes contenait une main fermée (voir p. 66, le jeu traditionnel des noisettes).

La messe de minuit

La messe de minuit, la plus joyeuse de l'année liturgique, comprenait dans certaines régions en plus des chants et de la crèche une représentation théâtrale de la nativité. Dans le Béarn, le rôle de la vierge était tenu par une jeune mère avec son nourrisson et l'ange de la nouvelle était suspendu dans un tonneau au bout d'une corde. En Picardie, les bergers et les bergères, vêtus de blanc, apportaient un agneau pour le faire bénir. Aujourd'hui encore la messe de minuit reste une célébration fréquentée par un grand nombre de personnes d'origine chrétienne même non pratiquantes. Elle est souvent précédée d'une veillée dans l'église : crèche vivante, musiques, chants, histoires, etc.

La nuit magique

La nuit de Noël est celle de tous les miracles : les ânes, les chevaux, les bœufs et les moutons s'agenouillent pendant la messe et prient. L'âne et le bœuf parlent entre eux. Cependant, vouloir surprendre leur conversation entraîne la mort. Cette nuit là, les menhirs de Carnac s'ébranlent pour aller boire à la mer. En Belgique, disposer quelques pièces de monnaie sur le seuil de sa maison procure de l'argent toute l'année.

Noël est également un moment propice pour la magie et la divination. Celle qui voudra connaître son futur époux devra poser le pied gauche le premier en descendant de son lit à minuit, et à condition que la lune brille, aller dans un carrefour et dire :

Lune, ô ma tant belle lune,
Toi qui connais ma fortune,
Oh ! fais-moi voir en rêvant,
Qui j'aurai pour mon amant.

Si on regarde dans un miroir à l'instant où sonne le premier coup de minuit, on verra celui ou celle à qui on est destiné.

En Tchécoslovaquie, toute la journée du 24 décembre est favorable aux opérations de sorcellerie. Il ne faut jamais prêter un objet de la maison ce jour-là car il pourrait servir à un maléfice.

En Sologne, il faut bien fermer portes et fenêtres avant de partir à la messe de minuit à cause des lutins qui viennent dans les maisons et font des farces.

S'embrasser sous le gui

Cette coutume aurait une origine celtique. Le gui est une plante parasite que les druides appelaient *olloiacos* (en breton ancien *oll-yac'h*, « la plante qui guérit tout »). Ils la prescrivaient notamment aux femmes stériles et comme antidote aux poisons. Les druides avaient pour coutume de célébrer le commencement de l'hiver en brûlant du gui en hommage à leurs divinités. Lors de grandes cérémonies, le grand prêtre cueillait le gui qui poussait sur les chênes sacrés à l'aide d'une serpette en or.

Les Celtes suspendaient également des branches de gui dans les maisons pour attirer le bonheur dans le foyer. Les invités embrassaient la famille sous le gui, porteur de bons auspices.

Au IVe siècle, lorsque l'Église fixa la date de Noël le 25 décembre, elle interdit l'usage du gui à cause de son association à des rites païens. Elle proposa de le remplacer par le houx. Ses feuilles piquantes symbolisaient également les épines de la couronne du Christ et les baies rouges, les gouttes de sang

Noël autour du monde

En Allemagne, les préparatifs commencent très longtemps à l'avance. Chaque dimanche de l'avent, on allume une bougie de la couronne de l'avent et beaucoup de petits gâteaux sont confectionnés.

En Grande-Bretagne, tout le monde envoie de nombreuses cartes de Noël, et la pièce principale de la maison est décorée avec toutes les cartes reçues. Le Père Noël, *Santa Claus*, arrive en traîneau par dessus les toits et dépose les cadeaux dans les chaussettes suspendues autour de la cheminée. Le 25 décembre a lieu le repas de Noël avec le *Christmas pudding* dans lequel se trouve une pièce de quelques *pences*. Celui qui la trouve est assuré d'avoir du bonheur pour toute l'année.

En Espagne, comme il y a peu de cheminées, les enfants déposent leurs souliers sur le balcon dans la nuit du 5 au 6 janvier. C'est la nuit où passent les rois mages qui arrivent par la mer dans un bateau avec leurs chameaux. En Catalogne, les enfants adorent la coutume du *Tio* (bûche). Quelques jours avant Noël, on sonne à la porte. Les enfants découvrent alors une bûche sur le paillasson. Ils la prennent et s'en occupent comme d'un bébé : ils lui donnent à manger, la recouvre d'une couverture pour dormir. Juste avant Noël, les enfants tapent sur la bûche entourée de la couverture avec des bâtons en criant : *Tio, Tio, pica Turron* (« Tio, Tio, crache du touron ! »). Puis ils retirent la couverture et découvrent la bûche entourée de « tourons », friandises à base de pâte d'amande.

En Norvège, toute la maison est décorée. Une couronne sur la porte d'entrée indique que l'on prépare Noël. Un bouc en paille et des gerbes de blé sont placés devant la maison. Cette coutume remonte au temps où les Norvégiens adoraient le dieu du tonnerre représenté sur son char tiré par des boucs. Des tulipes ou des jacinthes en pot décorent l'intérieur de la maison. Avant d'ouvrir les cadeaux, toute la famille danse et chante autour du sapin.

En Grèce, c'est Aghios Vassilis (saint Basile) qui apporte les cadeaux dans une barque décorée avec des lampions.

En Australie, il fait très chaud le 24 décembre. Certains Australiens choisissent de fêter Noël sur la plage. Ils organisent un grand pique-nique avec de la dinde froide, des salades et des gâteaux.

Au Mexique, la fête de Noël commence le 16 décembre. Dans de nombreux villages, neuf familles reconstituent le voyage de Joseph et Marie à Bethléem. Chacune d'elles va chercher les personnages de Joseph et Marie dans l'église et les dépose sur un brancard. Puis le brancard est transporté dans une maison où l'hospitalité est accordée à Joseph et Marie. Ils sont alors placés sur un autel garni de fleurs, installé à l'avance. Chaque soir, ils sont accueillis dans une famille différente qui célèbre alors la *Piñata*, fête des enfants. Les enfants, les yeux bandés doivent frapper, avec un bâton appelé la *Piñata*, une jarre en terre cuite en forme d'animal ou de personnage. Lorsqu'elle est brisée, ils peuvent récupérer les bonbons et cadeaux qui se trouvent à l'intérieur. Puis le neuvième jour, Joseph et Marie sont disposés dans la crèche.

En Belgique, aux Pays-Bas et au Luxembourg, c'est saint Nicolas qui a le rôle le plus important. En Belgique, les enfants lui préparent un cigare et un verre de bière. Ils recouvrent un fauteuil de papier. Si le papier est froissé le lendemain, c'est que saint Nicolas s'y est assis pour prendre un peu de repos. Aux Pays-Bas, saint Nicolas traverse Amsterdam avec son valet Pierre-le-Noir au milieu des cris de joie des enfants puis ils sont reçus par le maire et la reine.

En Autriche, saint Nicolas a également une place importante. Il défile avec des *Krampus*, personnages étranges qui menacent d'emmener les enfants en enfer.

Les cartes de Saint-Nicolas

Pendant tout le mois de décembre, on peut envoyer des cartes à tous ceux qu'on aime. Retrouvez les photos des modèles proposés page 41.

Comment reproduire les modèles

Matériel nécessaire
Papier-calque
Crayon à pointe souple

1. Disposez le papier calque sur le modèle à décalquer et copiez le modèle avec le crayon.
2. Retournez ensuite le papier calque et posez-le sur le carton ou le papier sur lequel vous voulez reproduire le modèle.
3. Repassez sur toutes les lignes en appuyant fortement. Grâce au crayon à pointe souple, le modèle va s'imprimer sur le carton.

La tournée de saint Nicolas

Matériel nécessaire
Papier calque
Cartons minces ou papier épais rouge et vert
Cotons (carrés à démaquiller)
Attache parisienne

1. Découpez un rectangle de 22 cm par 16 cm dans le papier vert et pliez-le en deux.
2. Reproduisez le modèle de saint Nicolas sur le papier rouge. Découpez 2 bandes dans le coton et collez le coton en bas du manteau et sur sa mitre.
3. Découpez également la barbe selon le modèle et collez-la.
4. Découpez le modèle du bras avec le sac et fixez-le avec une attache parisienne.

Saint Nicolas est fin prêt pour partir distribuer des friandises aux enfants sages !

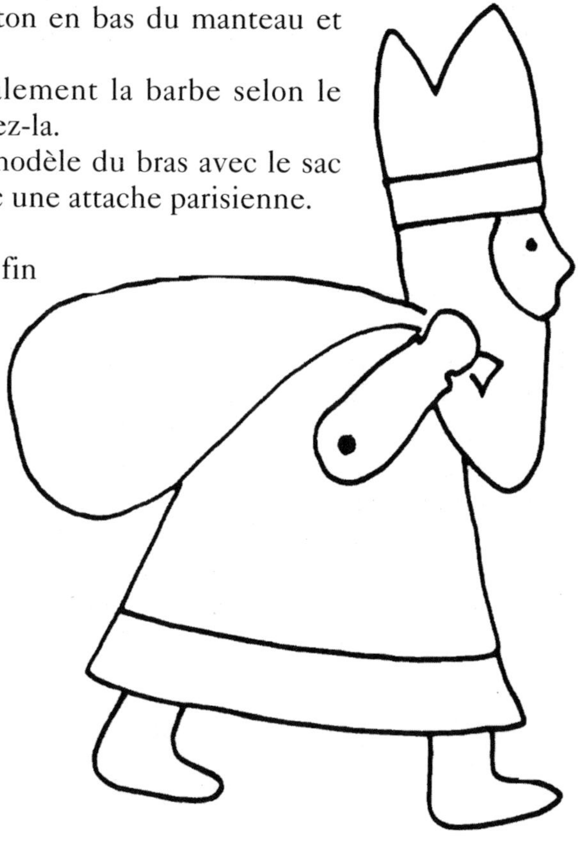

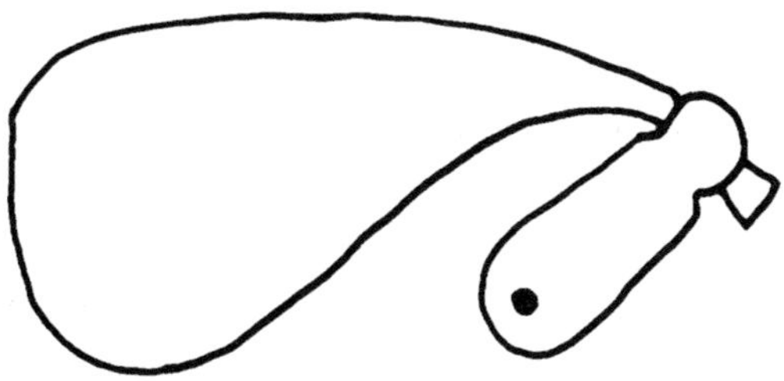

L'arrivée du Père Noël

Matériel nécessaire
Papier calque
Cartons minces ou papier épais rouge et noir
Fil doré

1. Découpez un rectangle de 22 cm par 16 cm dans le papier rouge et pliez-le en deux.
   Reproduisez les modèles du traîneau et des rennes sur le papier noir et découpez.
2. Coupez 2 fils de 9 et 7 cm et collez-les avec du ruban adhésif sur l'envers des figurines.
3. Découpez 2 languettes de 3 cm sur 7 mm. Pliez chaque extrémité des languettes à 7 mm du bord.
4. Collez une extrémité sur le Père Noël et l'autre sur la carte et procédez de manière identique pour les rennes. Le Père Noël peut s'envoler pour faire la tournée des cheminées !

1

1

2

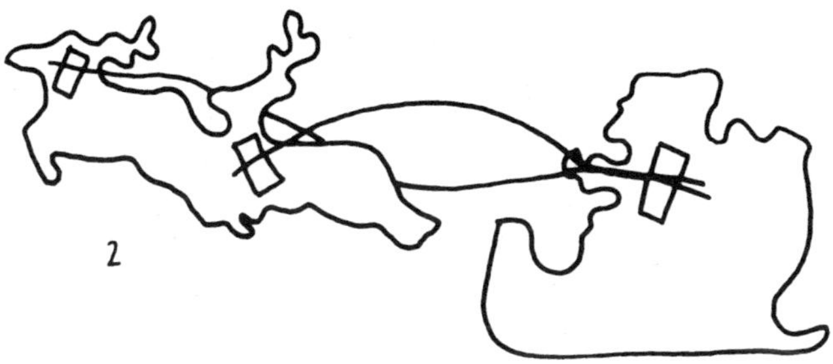

3

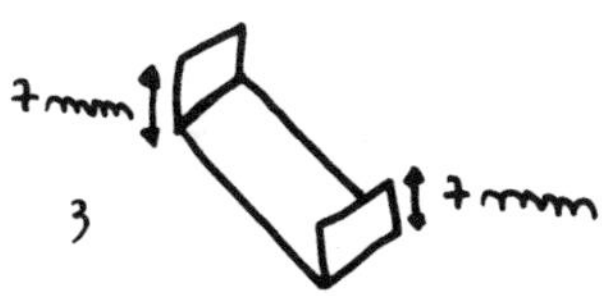

4

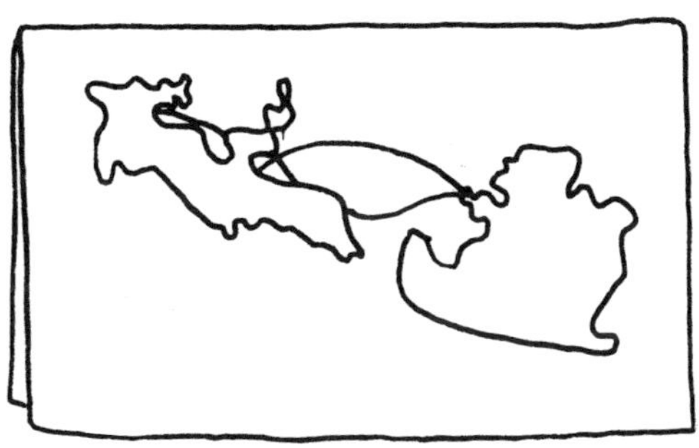

Le bonhomme de neige

Matériel nécessaire
Papier calque
Cartons minces ou papier épais bleu et blanc

1. Découpez un rectangle de 22 cm par 16 cm dans le papier bleu et pliez-le en deux.
2. Reproduisez le modèle du bonhomme de neige. Dessinez et peignez les yeux, le nez, l'écharpe et le chapeau.
3. Marquez un pli au centre du bonhomme et selon les pointillés des languettes. Pliez le bonhomme en deux et collez-le sur la carte.

A accrocher au sapin

Découvrez ces décorations en situation dans le sapin pages 42 et 43.

Étoiles des neiges

Matériel nécessaire
Papier calque
Papier argenté
Fil argenté

1. Reproduisez l'avant et l'arrière de l'étoile (pages suivantes) sur le papier argenté.
2. Découpez et pliez suivant les pointillés.
3. Rabattez les languettes et collez sur la face arrière de l'étoile.
4. Faites une boucle avec le fil argenté et fixez en haut de l'étoile pour l'accrocher au sapin.

Face avant
de l'étoile en relief.

Face arrière
de votre étoile
des neiges.

Mosaïques

Matériel nécessaire
Papier calque
Carton
Graines : lentilles, pois cassés
Pâtes carrées : crozets
Bombe de peinture dorée
Fil doré

1. Reproduisez le modèle sur le carton, découpez et évidez le trou.
2. Collez les graines sur une des faces. Une fois que tout est sec, collez les graines sur l'autre face.
3. Faites une boucle avec le fil doré et fixez en haut des décors pour les accrocher au sapin.

Déco bijou

Matériel nécessaire
Papier calque
Papier argenté ou bleu foncé
Boules argentées pour pâtisseries
Fil argenté

1. Reproduisez le modèle sur le papier argenté. Découpez et pliez suivant les pointillés.
2. Rabattez les languettes et collez.
3. Collez les boules argentées sur chaque face. Vérifiez bien que la colle est sèche avant de décorer une nouvelle face.
4. Faites une boucle avec le fil argenté et fixez en haut de la déco bijou pour l'accrocher au sapin.

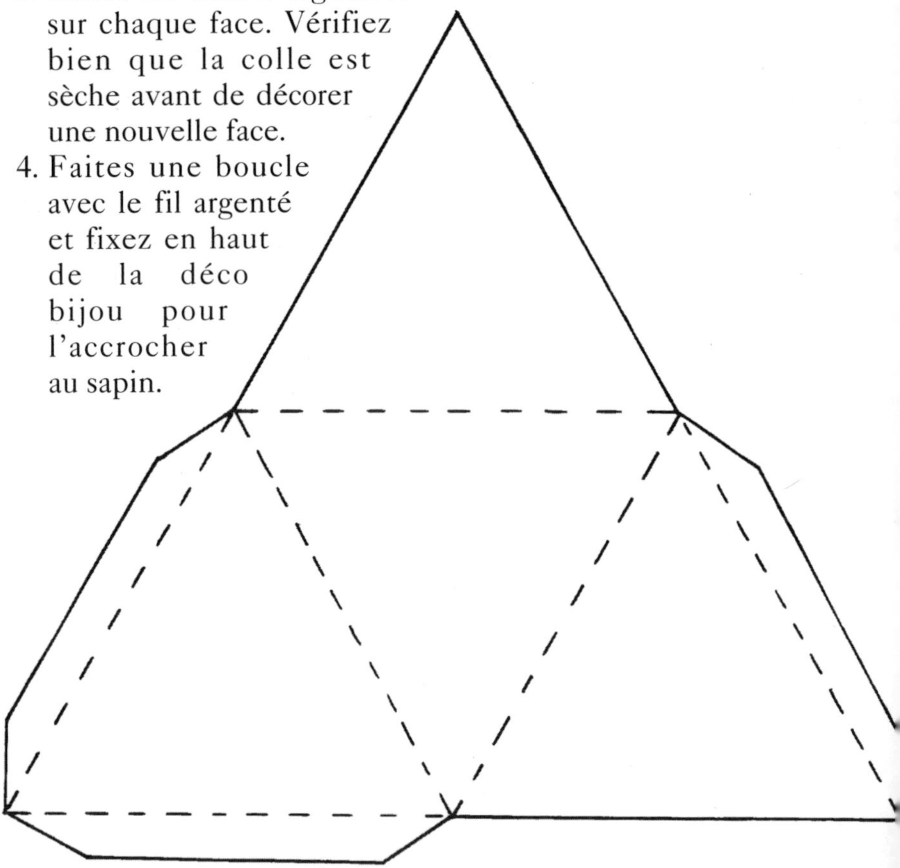

Pour réaliser ces 3 modèles de cartes de Saint-Nicolas, hâtez-vous page 29.

L'arrivée du père Noël

La tournée de St Nicolas

Le bonhomme de neige

Dans le sapin verdoyant, accrochez les trésors que vous aurez préparés en vous aidant des descriptions à partir de la page 35. Il brillera ainsi de mille feux.

Étoile des neiges

Déco bijou

Mosaïques

Bonhomme de neige pompon

Un ange passe…

Une capsule, de la feutrine, du scotch
et une grosse bille…
et c'est parti pour une course de lutins
culbutos en folie !
De quoi animer la veillée de Noël.
Conseils pratiques page 63.

Et pourquoi pas cette année réaliser une crèche en pâte à modeler ? Vous avez l'embarras du choix des thèmes comme par exemple ici le pays des sirènes : un plat ou un fond bleu comme l'océan, des femmes aux queues de poissons, des hommes-chevaux sur le rivage, et sur une île Marie, Joseph et l'enfant Jésus perchés sur un galet, sans oublier coquillages, étoiles de mer, pieuvres et crustacés.

Réalisez étoiles, sapins et cœurs en pain d'épices pour orner le sapin.
Recette et mode d'emploi page 72.

Mais, si vous êtes trop gourmands,
croquez ces petits bonshommes souriants.

Dans l'Est, comme ici à Nancy, on fête traditionnellement la Saint-Nicolas début décembre. Chaque année, le char le plus attendu du défilé est bien entendu celui de saint Nicolas.

Bonhomme de neige pompon

Matériel nécessaire
Papier calque
Carton mince ou papier épais blanc, orange et noir
Compas
Laine blanche
Bouchon en liège
Pinceau et peinture noire
Une brindille et des aiguilles de sapin
Ficelle

Pour réaliser le corps et la tête du bonhomme de neige, il faut deux pompons de 5 cm et 4 cm de diamètre.

• Réalisation des pompons

1. Dessinez sur le carton deux ronds de 5 cm de diamètre avec un trou au milieu. Entourez les deux ronds avec la laine. Une fois le premier tour fini, faites-en un deuxième, puis un troisième. Continuez jusqu'à ce que le trou du milieu soit pratiquement comblé.
2. Glissez la pointe des ciseaux entre les cartons et découpez la laine tout autour.
3. Écartez légèrement les ronds de carton. Enroulez un brin de laine de 20 cm environ au milieu. Serrez fortement et faites un nœud bien serré. Déchirez les deux ronds de car-

1 2 3

ton et coupez les bouts de laine qui dépassent pour obtenir un beau pompon bien rond. Pour la tête, réalisez de la même manière un pompon mais avec deux ronds de carton de diamètre de 4 cm.

• Réalisation du bonhomme de neige

4. Fixez le petit pompon sur le grand en nouant les brins de laine de 20 cm ensemble.
5. Découpez deux ronds pour les yeux et une bouche dans le papier noir. Reproduisez le modèle du nez sur du papier orange. Roulez-le en cône et collez. Collez tous les éléments du visage sur le petit pompon.
6. Le chapeau : découpez dans un bouchon de liège une tranche épaisse de 1 cm. Découpez dans le carton noir un cercle de 3 cm de diamètre. Collez le bouchon au milieu du cercle et passez ensuite de la peinture noire sur le liège. Collez le chapeau sur la tête du bonhomme de neige.

Le balai : liez les aiguilles de sapin avec la ficelle sur la brindille. Collez le balai.

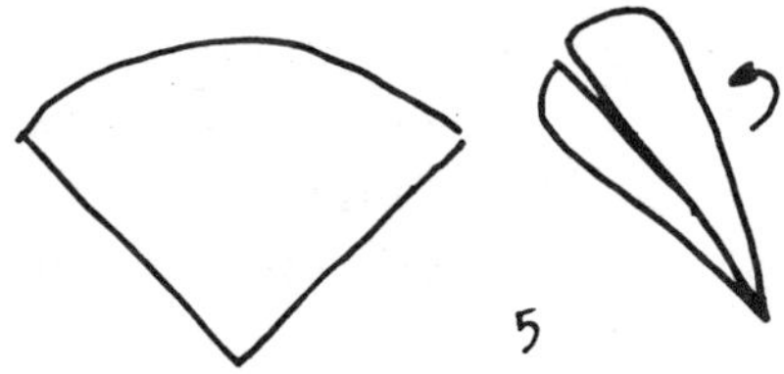

5

4

6

Décorer la maison

Flocons

Matériel nécessaire
Papier calque
Carton mince ou papier épais
Une bombe de neige artificielle
Adhésif double face

1. Reproduisez les flocons (pages suivantes) en plusieurs exemplaires sur le carton.
2. Collez les flocons sur la fenêtre avec l'adhésif double face.
3. Vaporisez la vitre avec la bombe de neige artificielle. Il ne vous reste plus qu'à décoller les flocons en carton et à recommencer sur une autre fenêtre.

Fenêtres en fête

Matériel nécessaire
Papier calque
Carton mince ou papier épais blanc et doré
Fil doré

1. Reproduisez et découpez le cadre sur du papier blanc. Évidez les cinq fenêtres.
2. Reproduisez et découpez les cinq symboles dans le papier doré.
3. Fixez-les à l'intérieur des fenêtres avec le fil doré.

Sapin bijou

Matériel nécessaire
Papier calque
Carton mince ou papier épais vert
Bouchon en liège
Boules argentées pour pâtisseries
Papier aluminium

1

1. Reproduisez et découpez deux fois le modèle du sapin sur le carton vert.
2. Faites une fente sur chacun des sapins. Collez sur chaque face des boules argentées et laissez sécher.
3. Coupez un morceau de bouchon d'une épaisseur de 1 cm. Faites deux entailles avec un cutter ou un couteau.
4. Assemblez les sapins en croix et fixez-les grâce aux entailles sur le bouchon.

Recouvrez le bouchon de papier aluminium.

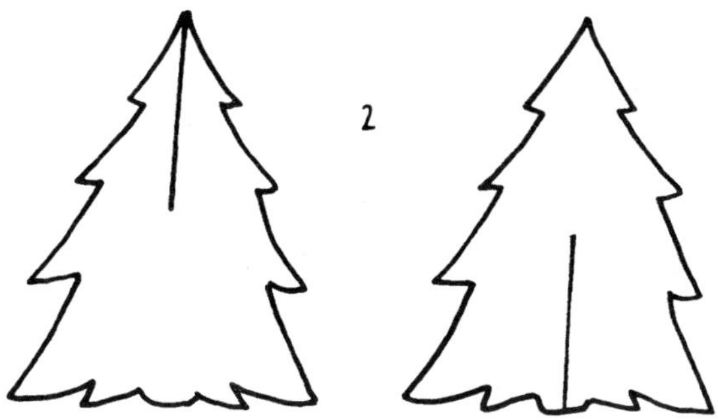

2

3

4

Un ange passe…

Matériel nécessaire
Papier calque
Papier métallisé argenté ou doré
Boule de cotillon
Tulle blanc
Papier blanc

1. Reproduisez le cône dans le papier métallisé et collez-le.
2. Découpez une bande de 8 x 1,2 cm dans du papier blanc. Frisez chaque extrémité avec la lame d'un couteau. Collez sur la boule de cotillon. Fixez la boule de cotillon en haut du cône.
3. Reproduisez et découpez les ailes de l'ange dans le tulle. Collez sur le corps. Voir photo page 43.

Vous pouvez décorer la table de réveillon avec ces petits anges ou les disposer dans la maison.

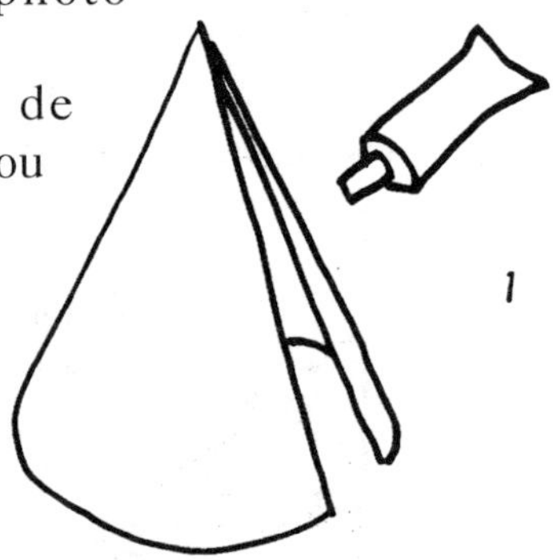

1

2

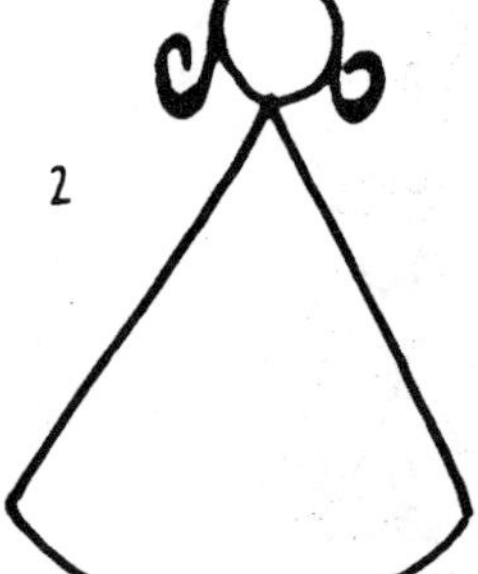

3

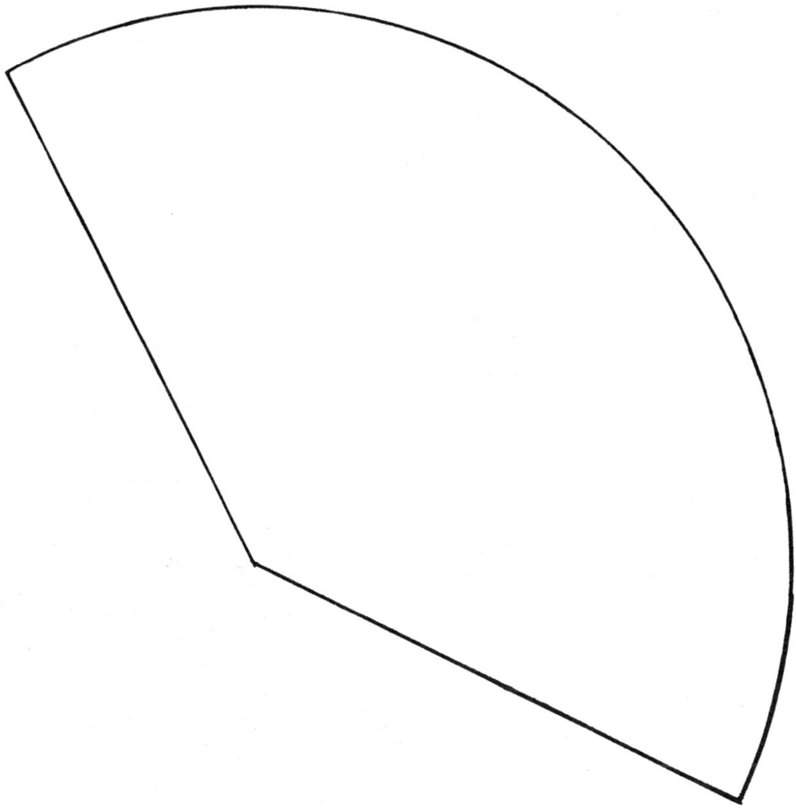

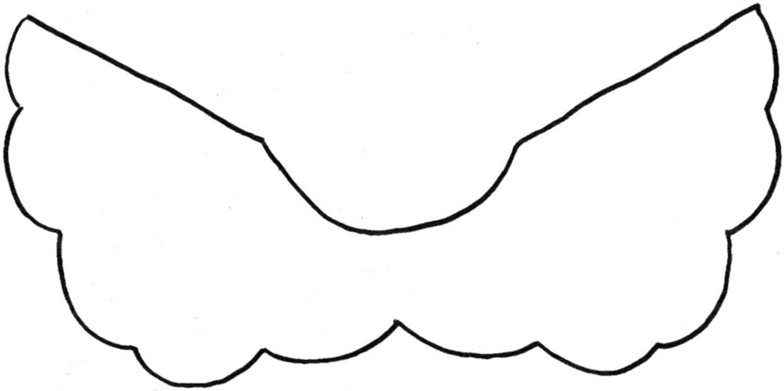

Père Noël articulé

Matériel nécessaire
Papier calque
Carton mince ou papier épais rouge
Coton hydrophile
4 attaches parisiennes

1. Reproduisez et découpez les différentes parties du Père Noël sur le carton rouge.
2. Collez le coton à l'emplacement de la barbe, au bout du bonnet pour faire un pompon, ainsi qu'en haut des bottes et des moufles.
3. Collez la tête du Père Noël sur son torse.
4. Évidez les ronds et fixez les jambes et les bras avec les attaches parisiennes.

Le Père Noël est prêt à s'agiter dans tous les sens!

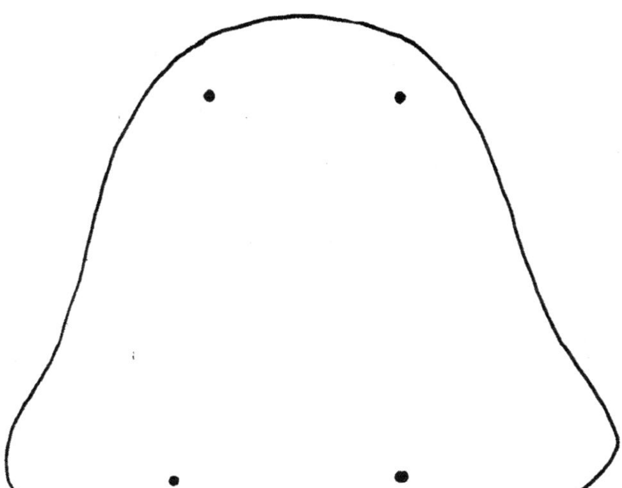

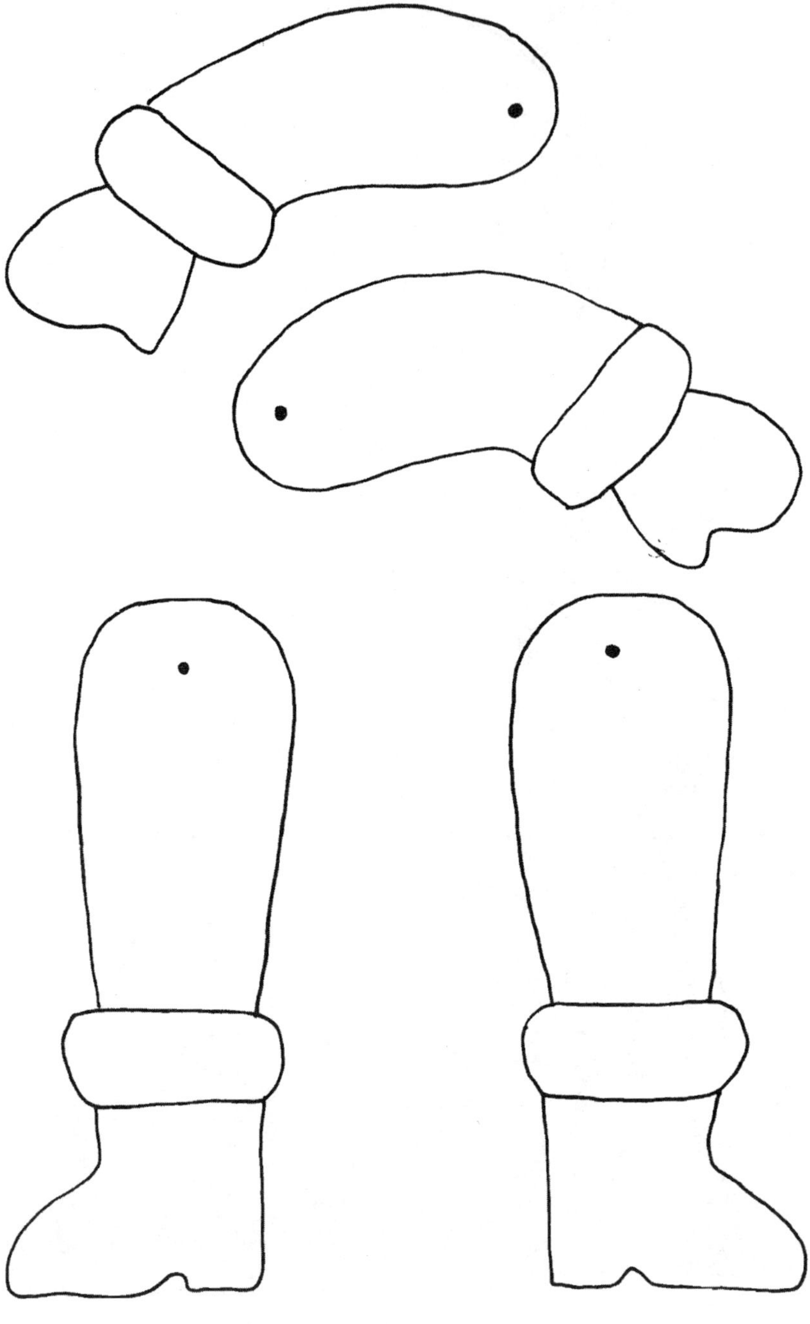

Jeux et activités pour la veillée

Les lutins culbutos

Matériel
Capsules d'œufs surprises au chocolat
Des grosses billes
Feutrine rouge et verte
Adhésif double face

1. Découpez les vêtements du lutin dans la feutrine : les bottes, les mains, le bonnet et 2 fois le corps. Patrons page suivante.
2. Placez une grosse bille dans chaque capsule

3. Entourez le milieu de la capsule avec du double face et fixez sur la première partie du vêtement. Posez de l'adhésif double face le long du vêtement et collez dessus les mains et les bottes.
   Appliquez la deuxième partie du vêtement et appuyez fortement.
4. Collez le bonnet à l'aide de l'adhésif. Voir résultat page 44.

Il ne vous reste plus qu'à placer vos lutins sur un plan incliné pour qu'ils le dévalent en culbutant. Vous pouvez même faire des concours pour le lutin qui arrivera le premier !

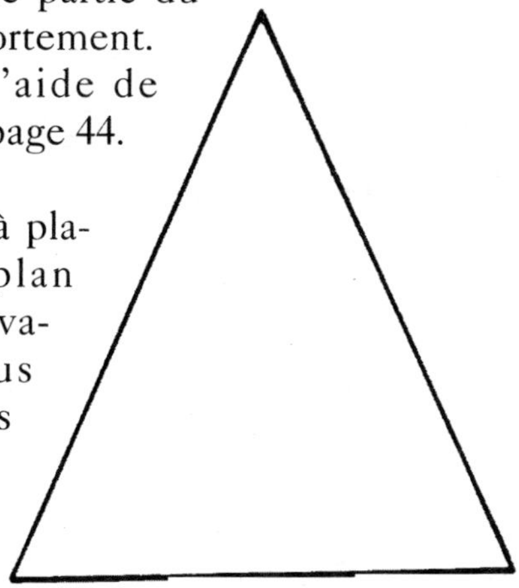

L'étoile filante

Matériel
Papier cartonné blanc et doré
Punaise
Foulard

Reproduisez le dessin du sapin sur le papier vert et l'étoile dans le papier doré. Piquez la punaise au milieu de l'étoile. Punaisez le sapin au mur. Le joueur se place à 2 mètres les yeux bandés. Il doit essayer de placer l'étoile en haut du sapin pour obtenir le maximum de points (100). Si l'étoile touche une boule, on compte les points correspondants. Si elle touche le pot où se trouve le sapin, tous les points sont annulés. Chaque joueur fait 5 essais, le gagnant étant celui qui obtient le meilleur score.

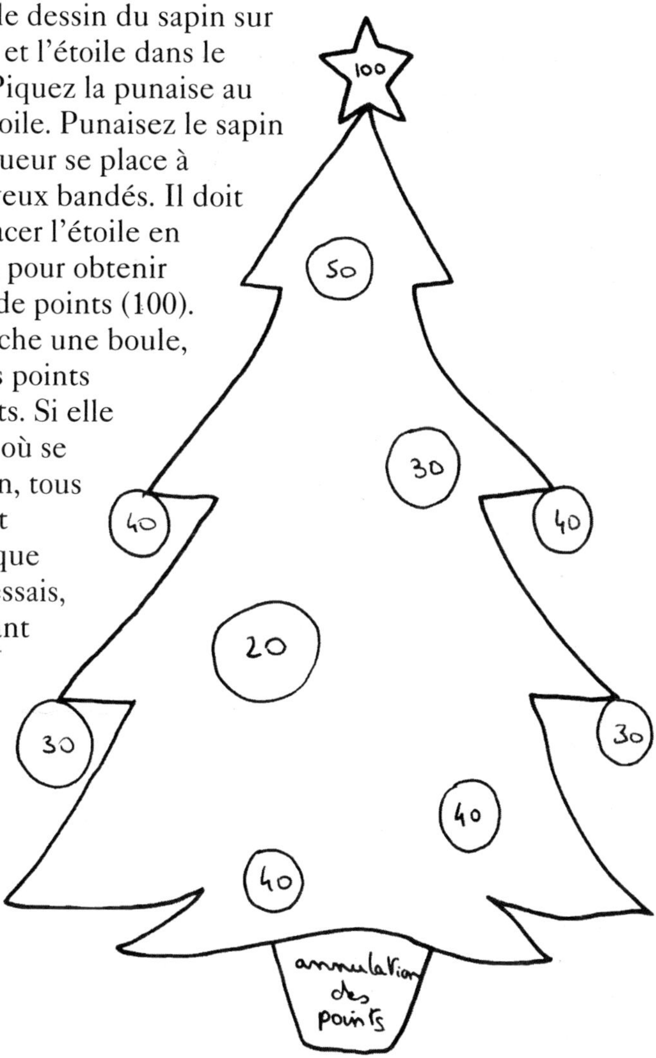

Le bonhomme de neige

Matériel
Papier et crayon
2 dés

Les joueurs doivent dessiner un bonhomme de neige en lançant un dé chacun à son tour. Il faut obtenir les chiffres suivants dans le bon ordre.
Corps : 5
Tête : 5
Balai : 4
Chapeau : 3
Nez : 2
Bouche : 2
Yeux : 1 pour chaque œil
Écharpe : 1
Lorsque vous obtenez 6, vous rejouez. Le gagnant est celui qui termine son dessin le premier !

Le jeu traditionnel des noisettes

Matériel
20 noisettes

Ce jeu était pratiqué lors de la veillée de Noël dans de nombreuses régions françaises. Il consiste à deviner combien de noisettes se trouvent dans une main fermée. Un des participants prend dans sa main une poignée de noisettes sans que les autres puissent le voir. Les autres proposent un nombre. Ceux qui ont deviné le nombre exact marquent 10 points. Le premier qui a atteint 100 a gagné.

La crèche en pâte à modeler

La crèche est un des symboles importants de Noël. La confection de sa propre crèche peut être un moment fort de la préparation de Noël et une activité créative où chacun peut développer dextérité et imagination. Ce n'est pas la peine d'être un grand sculpteur. Chacun va à son rythme avec son niveau et les choses iront en s'améliorant de crèche en crèche.

Votre réalisation s'articulera autour des personnages centraux que sont Marie, Joseph et l'enfant Jésus bien sûr, mais aussi les rois Mages les bras chargés de présents, les bergers, l'âne et le bœuf.

Ce que nous vous proposons ici, c'est de réaliser une crèche thématique par pays (ou continent) ou par période historique. Chaque Noël sera donc unique et au fil des années vous pourrez ainsi avoir des crèches très différentes qui vous feront voyager dans le temps et l'espace, rêver et vous rappelleront que Noël est universel et intemporel.

• Idées de thèmes :
Le temps des cathédrales (artisans, fous du roi, chevaliers, troubadours…)

Les Touaregs dans le désert (« hommes bleus » sur leurs dromadaires et leurs chevaux, tapis volants, charmeurs de serpents, oasis, plats remplis d'oranges et de citrons…)

La Savane (animaux sauvages, cases, hommes et femmes avec des boubous multicolores…)

Japon (jardin zen avec des graviers, femmes en kimonos, samouraïs, paysans avec chapeaux pointus, joueurs de go...)

Esquimaux (paysage enneigé, igloos, phoques, traîneaux avec chiens, loups...)

Et aussi : les hommes de Cro-Magnon, les pharaons, les Incas, la cour du Roi Soleil, les Indiens...

Vous pouvez aussi aller plus loin dans l'imaginaire en prenant des thèmes fantaisistes, voire fantastiques : Astérix et les gaulois, pays des schtroumpfs, royaume des sirènes dans l'océan (à découvrir page 45), Aladin et les contes des mille et une nuits... Chaque conte ou légende peut servir de prétexte à une crèche faite maison et vous ferez des jaloux.

• Quelques conseils pour réaliser votre crèche :

Pour bien faire, procurez-vous un grand paquet de pâte à modeler blanche et un autre de marron qui vous serviront à réaliser la base de vos personnages. Il vous faut également deux paquets de pâte à modeler en bâtons de couleurs vives et un autre de coloris plus naturels dans les tons marron-sable.

Commencez par réaliser une grande réserve de pâte de la couleur de peau des personnages (selon le thème choisi) pour faire les pieds, les mains et les têtes.

Pour les Européens, concoctez un mélange rose + blanc. Pour l'Afrique noire, utilisez le marron. Pour l'Asie, un mélange jaune + blanc. Pour l'Afrique du Nord et l'Arabie, mélange noir + blanc + marron. Et enfin pour les peaux rouges et les habitants d'Amérique du Sud, fabriquez une couleur brique (rouge + orange).

Pour faire un bonhomme en pâte à modeler qui « tienne la route », le secret est de faire le corps d'un seul tenant en commençant par le tronc à partir d'un boudin de pâte. Les bras sont le prolongement du tronc et doivent être bien proportionnés par rapport au reste du corps. Rajoutez ensuite les mains et la tête, voire les bras si vous avez prévu des manches courtes, ce qui vous permet de donner une dynamique et donc une vivacité à vos personnages.

Pour la tête, nous vous conseillons de ne pas rentrer dans les détails (pas de bouche-nez-yeux, ils ne tiendront pas).

Concentrez-vous sur les costumes, c'est eux qui donneront l'allure générale des personnages. Faites des mélanges de couleurs pour créer tissus chatoyants et imprimés. Aidez-vous d'une fourchette pour faire les rayures. Au besoin, inspirez-vous en ouvrant des livres de géographie ou d'histoire. Mais amusez-vous avant tout, quitte à faire quelques entorses à la réalité.

Ne faites pas des personnages trop grands pour qu'ils ne tombent pas. L'idéal est de ne pas dépasser les 5 cm pour les adultes et 3 cm pour les enfants (et 1 cm pour l'enfant Jésus). Les personnages avec une robe (ou boubous, djellabas, kimonos) auront une meilleure assise. Soutenez les personnages en pantalons avec des cure-dents ou, plus sûr, agenouillez-les.

Ne négligez pas tous les accessoires qui donneront tout le style et l'originalité de votre crèche. Multipliez les chapeaux, coiffes, couronnes et turbans. Ornez vos femmes de bijoux en or (lamelles de pâte à modeler jaune), rajoutez des rubis (rouge), saphir (bleu) ou émeraude (vert). Dans toute crèche, il faut des musiciens et des instruments de musique (tam-tams, trompettes, xylophones…) car c'est une crèche en fête.

Votre crèche sera plus vivante et animée si vous rajoutez des animaux (environ 1/3 animaux pour 2/3 de personnages). Si vous n'êtes pas très doués, vous pouvez mêler des animaux de la ferme ou du zoo

Une fois les figurines de votre crèche réalisées, il s'agit de les mettre en scène dans un décor. Pensez-y au préalable pour varier les positions (debout-assis-couché-mouvements des bras et des jambes), les types de personnages (hommes, femmes, enfants, personnes âgées) et les situations (musique, danse, repas, jeux, discussion).

Choisissez un support pour votre crèche : un grande plat, une planche en bois, une bûche, du papier kraft ou de couleur…

Utilisez des fleurs, branches et brins pour faire la végétation, des galets ou des cailloux pour faire des rochers.

Lorsque tout est disposé, n'oubliez pas le petit Jésus emmailloté fait à la fin par la maman. C'est aussi une jolie tradition.

Passées la joie et le plaisir de préparer la crèche ensemble, les enfants pourront s'inventer mille histoires en l'admirant. Et ils s'en souviendront toute leur vie, surtout si vous pensez à la photographier. La pâte à modeler est un art éphémère. Néanmoins, vous pourrez conserver votre crèche pendant 3-4 mois si vous le souhaitez.

Les plaisirs de la table

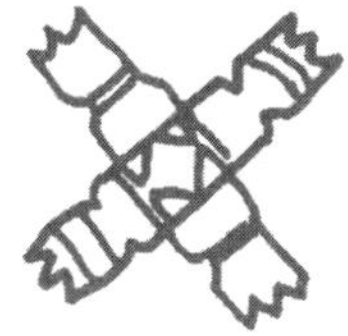

Friandises de la Saint-Nicolas

Le 6 décembre, les enfants sages recevaient parmi les friandises distribuées par saint Nicolas un pain d'épice le représentant. Traditionnellement, c'était les parrains et les marraines qui fournissaient les gâteaux.

Pain d'épice traditionnel

15 g de cannelle, 20 g de levure, 150 g d'amandes en poudre, 100 g de citrons confits hachés

La préparation se fait en deux temps, à quatre jours d'intervalle.
Faites fondre le miel et le sucre sur feux doux. Dans un saladier, ajoutez peu à peu la farine, les amandes, les citrons confits hachés. Mélangez bien et laissez macérer dans un endroit frais en couvrant la terrine pendant quatre jours.
Délayez le sachet de levure dans une cuillère d'eau tiède, battez les 2 œufs et mélangez le tout au reste de la préparation. Pétrissez la pâte pendant 5 mn. Beurrez et farinez légèrement la plaque du four et disposez la pâte avec environ 1 cm d'épaisseur. Faites cuire à feu doux pendant 20 mn.

Petits bonshommes de pain d'épice

300 g de farine, 1 pincée de sel, 100 g de sucre en poudre, 1 sachet de sucre vanillé, 200 g de beurre, 1 œuf, 1 cuillerée à café de cannelle en poudre, 1/2 cuillerée à café de gingembre en poudre, 1 clou de girofle, 1 noix de muscade

Dans un saladier, mélangez la farine, le sel, le sucre en poudre, le sucre vanillé et le beurre coupé en morceaux.
Cassez l'œuf en séparant le blanc du jaune. Battez légèrement le blanc et incorporez-le à la pâte.
Ajoutez les épices à la pâte : la cannelle, le gingembre, le clou de girofle pilé et la noix de muscade râpée.
Travaillez la pâte et roulez-la en boule. Couvrez et mettez au réfrigérateur pendant une heure.
Farinez légèrement le plan de travail et le rouleau à pâtisserie. Étalez la pâte sur une épaisseur d'environ 3 mm.
A l'aide d'un emporte-pièce ou de la pointe d'un couteau, découpez une quinzaine de petits personnages.
Préchauffez le four (thermostat 4 ou 180 °C) et recouvrez la plaque du four d'une feuille de papier de cuisson. Disposez les petits bonshommes et faites cuire 8 minutes jusqu'à ce qu'ils soient bien dorés.
Une fois cuits, décorez avec des bonbons pour simuler les yeux et dessinez la bouche avec de la gelée de groseille.

Variante : avec la même recette, vous pouvez également réaliser des étoiles, sapins, cœurs pour décorer le sapin. Dans ce cas, faites un petit trou dans le haut de chaque biscuit. Une fois cuits, accrochez-les à l'arbre avec un ruban rouge. Photos à déguster avec les yeux pages 46 et 47.

Le réveillon

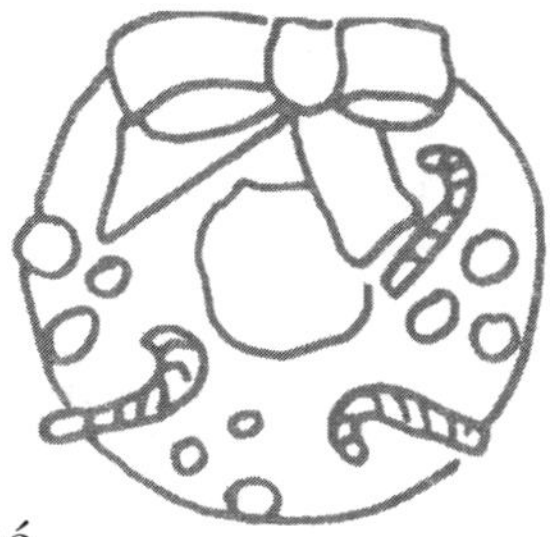

En France, le réveillon est pris après la messe de minuit.

Si autrefois chaque région française avait sa propre tradition culinaire, le repas traditionnel est de nos jours de plus en plus uniformisé. Il est composé d'huîtres, foie gras, saumon, boudin blanc, dinde farcie ou chapon et bûche de Noël. En Provence, le repas du réveillon se termine par treize desserts, symbolisant le Christ et les douze apôtres. Ces desserts sont composés des fruits et confiseries de la région.

Gourmandises de Noël

Vin chaud pour la veillée

1 litre de vin rouge, 1/2 cuillère à café de cannelle, 1/2 cuillère à café de muscade, 3 oranges, 200 g de sucre roux

Mélangez le vin rouge, le sucre, la muscade et la cannelle.
Versez dans une casserole et ajoutez les morceaux d'une orange. Portez à ébullition.
Passez le mélange à la passoire. Coupez les 2 oranges restantes en rondelles et servez.

Bûche aux marrons

500 g de marrons naturels en conserve, 150 g de beurre, 200 g de chocolat, 130 g de sucre

Décorations au choix : vermicelles de chocolat, petites meringues, petits sujets en sucre

Réduisez les marrons en purée à l'aide d'un mixer. Cassez le chocolat en petits morceaux et faites-les fondre au bain-marie avec le beurre. Dans un saladier, ajoutez au mélange obtenu le sucre puis la purée de marrons. Fouettez le tout pour obtenir une pâte très lisse. Versez dans un moule à cake beurré. Mettez au réfrigérateur pendant 24 heures puis décorez.

Truffes aux mandarines confites

Pour 3 douzaines de truffes environ :
400 g de chocolat noir, 100 g de sucre glace, 200 g de beurre, 2 sachets de sucre vanillé, 2 jaunes d'œufs, 20 cl de crème fraîche épaisse, 80 g de cacao amer en poudre, 4 mandarines confites, 4 cuillères à soupe de liqueur de mandarine.

Coupez les mandarines en petits dés. Mettez-les dans un saladier avec la liqueur de mandarine et laissez macérer 3 heures.
Faites fondre le chocolat au bain-marie ou au micro-ondes. Une fois fondu, ajoutez le beurre et mélangez.
Hors du feu, incorporez le sucre glace, le sucre vanillé puis les jaunes d'œufs et la crème fraîche. Ajoutez les mandarines confites et leur jus.
Mélangez bien puis mettez au réfrigérateur pendant 4 heures.
Prélevez ensuite des petites noix du mélange avec une cuillère et roulez-les dans le cacao.

L'épiphanie

L'Épiphanie, appelée aussi jour des rois, célèbre l'apparition de Jésus-Christ aux mages et se fête le 6 janvier ou le dimanche le plus proche. L'évangile de saint Matthieu raconte que des mages, guidés par une étoile, vinrent adorer l'enfant Jésus et lui offrirent en présent de l'or, de l'encens et de la myrrhe. Mais il n'y a aucune indication sur leurs noms ou leurs origines. La légende a comblé cette lacune avec trois rois mages Melchior, Gaspar et Balthazar, représentant les trois âges de la vie ainsi que les trois continents connus à l'époque, l'Europe, l'Asie et l'Afrique : Melchior, le plus âgé des rois, avec une longue barbe offrit l'or, Gaspar, jeune et imberbe, offrit l'encens, Balthazar, noir et barbu, offrit la myrrhe.

Tirer les rois

Noël s'achève vraiment le 6 janvier, jour de l'Épiphanie. La fête religieuse de l'Épiphanie s'est depuis longtemps étendue en fête familiale des rois.

Quelle est la signification de la galette des rois ?

Cette tradition n'a pas de rapport avec la fête religieuse, la fête de l'Épiphanie (l'adoration des mages). Cette coutume pourrait venir des saturnales, fêtes romaines, au cours desquelles était élu le roi du jour.

Depuis quand tire-t-on les rois ?

La tradition de tirer les rois est très ancienne. Des récits datant du Moyen Âge mentionne la Fête des rois, où le roi de la fête était tiré au sort au moyen d'une fève dissimulée dans un gâteau. Le partage était très ritualisé. On découpait sur la table la galette en autant de parts que de convives plus une part, la part à Dieu, destinée aux pauvres ou aux quêteurs. Le plus jeune enfant allait sous la table et attribuait les parts au hasard. Celui qui avait la fève était roi et choisissait sa reine en jetant la fève dans son verre. Les convives s'exclamaient « le roi boit » quand celui-ci buvait son verre. A part le fait d'attribuer la part à Dieu, cette coutume s'est perpétuée jusqu'à nous.

D'où vient la tradition de mettre une fève dans la galette ?

L'origine des fèves est très ancienne. Déjà les Grecs élisaient leurs magistrats avec une fève. A l'origine, la fève de la galette était aussi une graine. Progressivement elle a été remplacée par des petits sujets en porcelaine, car comme le roi devait offrir à boire aux autres invités, certains avalaient la fève pour ne pas payer !

Les premières fèves en porcelaine de Saxe datent de 1875.

Recette de la galette

2 pâtes feuilletées pré étalées, 2 œufs, 125 g de poudre d'amandes, 100 g de beurre, 100 g de sucre, 1 cuillère à soupe de farine

Travaillez le beurre coupé en morceaux avec la spatule. Ajoutez le sucre et continuez à battre.
Ajoutez ensuite un œuf, la farine et la poudre d'amandes et mélangez jusqu'à obtenir une pâte lisse.
Déroulez une pâte feuilletée sur la plaque du four beurrée. Étalez le mélange en réservant 1,5 cm au bord extérieur. Posez une ou plusieurs fèves dans la crème d'amandes. Disposez la deuxième pâte feuilletée dessus et faites adhérer les bords en appuyant légèrement avec une fourchette. Badigeonnez avec un jaune d'œuf pour donner une belle couleur dorée.
Faites cuire à 180 °C pendant 20 à 25 minutes.

Et maintenant, il ne reste plus qu'à vous souhaiter :

UN JOYEUX NOËL
ET UNE BONNE ANNÉE

Maquette et réalisation technique :
Synonymes
35134 Sainte-Colombe
Tél. : 02 99 71 37 69

Imprimé en France pour les Éditions Bornemann
au mois de novembre 1999 par l'Imprimerie Montligeon
61400 La Chapelle-Montligeon
Dépôt légal effectué en novembre 1999
N° d'imprimeur : 19604